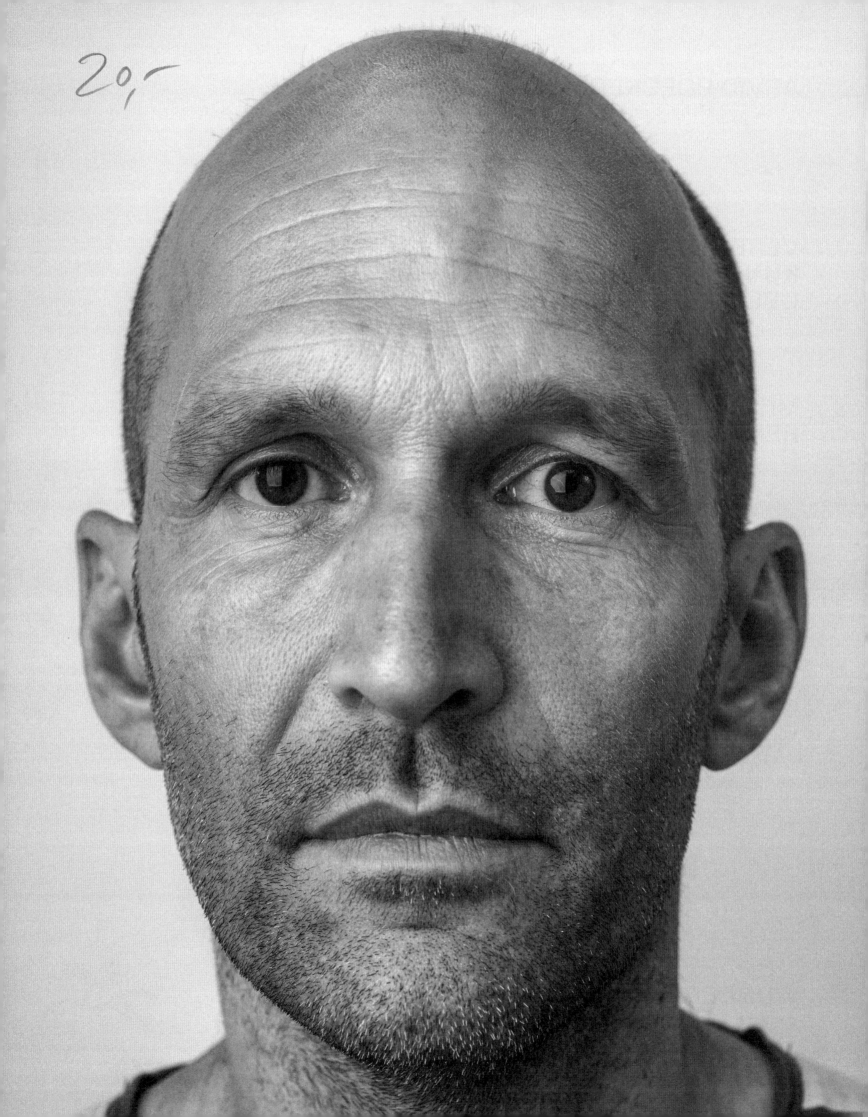

ARVID BOECKER
WATCHING PAINT DRY

VEREIN FÜR AKTUELLE
KUNST / RUHRGEBIET E. V.
OBERHAUSEN
27. MAI–24. JUNI 2018

MIT EINEM TEXT VON
REINHARD ERMEN

WUNDERHORN
2018

WATCHING PAINT DRY

ARVID BOECKER

GRENZ ERFAH RUNGEN

Anmerkungen
zu den aktuellen
Bildern von
Arvid Boecker

REINHARD ERMEN

Die beiden Felder stehen sich fast ein wenig feierlich oder gar erwartungsvoll gegenüber. Das immer wiederkehrende Modell einer normativen Disposition, die Reihe des Immergleichen, die sich jedes Mal anders formuliert, produziert diese durchaus unsachliche Assoziation. Seit 2015 ist es das Format 50 × 40 cm, das Arvid Boecker sich für seine Malerei gewählt hat, seit Anfang 2016 ausschließlich mit der mittigen Teilung. Die eine Hälfte ist der anderen zugeneigt oder im Kontrast dazu deutlich abgesetzt. Der Eindruck des Feierlichen mag auch mit der daraus resultierenden Grundsätzlichkeit einhergehen, die Serie selbst hat partiell rituellen Charakter, das Ritual, wenn dieser archaische Terminus gestattet ist, könnte Ausdruck des tagtäglichen Versuchs sein, zwei Farben auf einer Tafel im Dialog zu entwickeln. Trotz der normativ anmutenden Bedingungen, – der Maler ist kein Konzeptkünstler, sondern ein Vollblutartist, der heftig und gleichzeitig kontrolliert mit den selbst gesetzten Bedingungen umgeht. Eine existentielle Note scheint mitzuspielen, es kommt gelegentlich zu dramatischen Begegnungen zwischen zwei Farbfeldern, die jeweils wie Individuen auftreten, bzw. dastehen. Das Prinzip 1:1 will sich durch den Vollzug beweisen und arbeitet letztlich der Einheit des Bildes zu. Der Prozess hat sich ins Ergebnis eingeschrieben, er erscheint wie für einen Augenblick

01 Freddie A. Lerche, Painting / Malerei. P. S. a Dialogue, Copenhagen 2003, S. 8

angehalten, wie eben erst erkaltet. Prozess ist / war Ritual, die Versuchsanordnung balanciert auf des Messers Schneide, die unerbittliche Teilung gibt dazu den festlichen Rahmen.

Bilder wie diese gelten im großen Kunstzirkus als weltfremd, da sie nicht Stellung nehmen und im schnellen Diskurs gesellschaftlicher Befindlichkeiten stumm bleiben. Sie verweigern sich den Unterhaltungsbedürfnissen des Marktes und fordern darüber hinaus eine Zuwendung beim Sehen, die im Wahrnehmungsspektakel der Jetztzeit nicht immer verfügbar ist. Gleichzeitig arbeitet der hohe Abstraktionsgrad gegen die schnelle Vereinnahmung durch Designer und Innenarchitekten. Hier formiert sich auch ein Widerstandspotential, und darin steckt auch ein sensationeller Aspekt. Es mag nicht besonders originell sein, jetzt die Gegenbilder aufzurufen, andererseits darf man diese ganz besondere Qualität ruhig beim Namen nennen. Grundsätzlich gilt dabei natürlich auch, dass nicht jedes radikalabstrakte Farbbild so gesehen werden will, aber Arvid Boecker und andere, die sich dem unmittelbaren Darstellungszwang entziehen und dabei zu solch eindringlichen Resultaten gelangen, liefern paradigmatische Artefakte, die in ihrem Sosein die Betrachter in die Pflicht nehmen. »Paintings' only function is to be a painting«[01], lässt der dänische

Maler Freddie A. Lerche sein Alter Ego S in einem fiktiven Dialog sagen. Der andere, P, vertritt dagegen die Position der erzählenden Bilder. Im Englischen, vielleicht auch im Dänischen, lässt sich das leicht unterscheiden in PAINTING und PAINTED PICTURES. Was die reine Malerei angeht, so gelten keine Direktiven von außen, diese Kunst definiert sich allein durch die Zuarbeit »sui generis«. Heraus kommt ein eigenständiger Organismus mit einer quasi selbstreferentiellen Appellstruktur, die sich einer verbalen Vergewisserung letztlich entzieht. Das hält die Dialogpartner bei dem dänischen Hardliner nicht davon ab, über das Phänomen wortreich zu sprechen, und auch hier soll versucht werden, die Qualitäten solcher Bilder zu sehen, indem die Sprache vor den eigensinnigen Farbtafeln auf und ab geht, ohne sich über die Sache selbst zu werfen. Unabgelenkt durch verführerische Realismen, behauptet sich das Bild, das primär auf seinen medialen Eigensinn gerichtet ist. Königsweg zu so einer Wahrhaftigkeit ist die Farbe, die, entsprechend angewandt, Kunst entstehen lässt: »Painting is Color« [02]. Trotz strenger Selbstzucht muss das nicht im luftleeren Raum spielen. Der Künstler, in diesem Fall Arvid Boecker, bringt sich ein, er muss sich ja nicht exhibitionieren. Minimale Formalismen versprechen eine grundlegende Harmonie, die Kunstgeschichte und eine nach wie vor intakte Tendenz zu neuer »Essentialität« [03] hat Teil an den Bildern, deren Ausdrucksmöglichkeit trotz der Beschränkung unendlich groß sein kann. Die Betrachter bringen beim Sehen ohnehin ihre eigenen Erfahrungen mit. Dass im Zusammenhang mit Arvid Boecker schon ganz zu Beginn der Begriff des »Existentiellen« aufleuchtete, spricht für diese Sichtweise.

Jenseits solcher Daseinsfragen ist man versucht von einer »Interaction of Color« zu sprechen, wie Josef Albers seinen Diskurs über die Farbe, deren Auftritt und Wirkung in der Wahrnehmung überschrieb. Das Stichwort von der »Interaction« bleibt stehen, doch eine Didaktik, die solchen Übungen schon mal innewohnt, ist weit und breit nicht auszumachen,

eine normative Konstruktion wie in »Homage to the Square«, um Albers ein zweites Mal zu bemühen [04], wäre partiell gegeben, doch unendlich lapidarer, ja sturer. Vielleicht ist Konstruktion im Falle von Boecker auch schon zu explizit, die zwei (gleichgroßen) Bildhälften, die sich hier gegenüberstehen, wirken wie das Ergebnis eines Naturvorgangs, der mit einer geraden Linie zur Ordnung gerufen wird. Trotzdem lässt sich die Theorie der vorangegangenen Denker nicht ganz abschütteln, der eingangs angetextete Dialog ist natürlich ein Reagieren von offensichtlichen Farbtönen im Rahmen einer gegebenen, fundamentalen Geometrie, die die Wirkung mitbestimmt; insbesondere, wenn man Abbildungen betrachtet. Vor den Originalen sieht das ganz anders aus. Texte, wie dieser, müssen immer wieder daran erinnern, dass gemalte Farbe eigentlich nicht reproduzierbar ist. Möglicherweise ist aber gerade deren materiale Präsenz in Bildern wie denen von Boecker als eine Tendenz auszumachen, der illustrativen Allgegenwart im Netz, eine neue Authentizität, ja Aura entgegenzusetzen; die Attraktivität gerade dieser Malerei ließe sich jedenfalls vor diesem Hintergrund entwickeln [05]. Unabhängig von dem trotzigen Materialaspekt ließe sich das, was geschieht, partiell noch mit der Kontrasttheorie von Johannes Itten beschreiben [06], doch bei Boecker geht es primär um malerische Prozesse, die sich als Physis der Farbe mit allen nur denkbaren Begleiterscheinungen »outen«. Seine Bilder sind in diesem Sinne auch Objekte, die ihre Farbdecke auf mittlerweile 5,5 cm hohen Rahmen den Betrachtern anreichen. Die Malerei liegt fast wie bei einer Skulptur auf einem Sockel, sie kommt den Rezipienten wortwörtlich entgegen, die, wenn sie wirklich sehen wollen, wiederum auf das Bild zugehen müssen.

Mit den aktuellen Bildern findet eine piktorale Dramaturgie ihren vorläufigen Ruhepunkt, die anscheinend schon immer eine Art unverzichtbares Agens der Arbeit ist. Hans Gercke bringt das 2005 bei Gelegenheit einer umfänglichen Ausstellung im Heidelberger Kunstverein sehr präzise auf den Punkt, indem

02 Lerche a.a.O., S. 22

03 Mathias Bleyl sprach 1988 von »Essentieller Malerei«, ein Begriff, mit dem man arbeiten kann. Siehe Matthias Bleyl, Essentielle Malerei in Deutschland. Wege zur Kunst nach 1945, Nürnberg 1988

04 Siehe Josef Albers »Interaction of Color«, erstmals 1963 in der Yale University Press. Seit 1949 beschäftigte ihn die »Homage to the Square«, eine Huldigung an die (gemalte) Farbe mit immer wiederkehrenden Quadratvariationen, ineinander- und übereinandergesetzt, mittig aber nach unten verschoben, wie eine Bildbühne für die entsprechenden Wahrnehmungs- und Darstellungsprozesse.

05 Dankbar greife ich hier einen Gedanken von Monika Wagner auf, siehe: Farbe als Material. Authentizitätsvorstellungen in der zeitgenössischen Kunst, in: who's afraid of. Zum Stand der Farbforschung, hrsg. von Anne Hoormann und Karl Schawelka, Weimar 1998, S. 195ff

06 Siehe Johannes Itten, Die Kunst der Farbe, Ravensburg 1987. Kernstück dieser Farbenlehre sind die sieben Kontraste, welche zum Beispiel heißen: Farbe-an-sich-Kontrast, Hell-Dunkel-Kontrast oder Qualitäts-Kontrast.

er eine »Synthese aus konstruktiven und informellen Tendenzen« bei Arvid Boecker ausmacht 07. Der produktive Konflikt zweier Haltungen, die sich eigentlich unvereinbar gegenüberstehen, drängt sich nach wie vor auf, ganz zu Anfang wurden auch in diesem Text analoge Vokabeln wie »heftig« und »kontrolliert« bemüht. Das Zusammendenken ernährt den Dialog, der letztlich über die Zwei-Felder-Dramaturgie hinausgeht, weil das heftige, fast informelle Schweifen, das in einer gewissen Formenstrenge gebannt ist, die Wirkung ausmacht. Gleichzeitig taucht damit eine weitere grundsätzliche Komponente in der Disposition von Arvid Boecker auf. Das Tafelbild mit seinen vier rechten Winkeln war / ist schon immer das konstruktive Territorium aller Ausdruckskunst. Der Maler fängt die Expression seiner Farbarbeit im Rechteck ein, er lenkt sie sozusagen energetisch in seine Bilder um, wobei von den Rahmen aus betrachtet, tendenziell die Versuchsanordnung, ja die Serie bei Boecker immer schon eine Rolle spielte. 2005 in Heidelberg zeigte er primär die Formate 130 × 110 cm und 240 × 170 cm (Beiseite gesprochen: Dieser Künstler fürchtet sich nicht vor mannshohen Tafeln), 2010 in der Villa Goecke in Krefeld sind es ausschließlich quadratische Bilder mit den Lieblingsmaßen 100 × 100 cm und 160 × 160 cm. Maler und ihre angesagten Formate, darüber ließe sich jetzt seitenlang spekulieren, hier deutet sich das nur kurz an im Rahmen eines beispielhaften, nicht repräsentativen Rückblicks an. Der bildbauende Diskurs im Inneren agiert mit dem Spiel von Freiheit und Eingrenzung, charakterstarke Felder begegnen sich, es kommt schon mal zu angelegentlichen Verwerfungen, im übertragenen Sinn sind das Überblendungen oder einfach nur Übergänge. Die Felder stecken ihre Gebiete gegeneinander ab, ihre Ausdehnung ist im freien Spiel mit dem Gesamtgleichgewicht gewonnen worden, genauso wie die Intensität des Materialvortrags. Aber es gibt übergeordnete Wege, wenn man so will horizontale Hauptstrassen oder vertikale Strukturhilfen, Harald Kraemer spricht 2010 in Bezug auf die Ausstellung in Krefeld gar vom »Raster« 08, das freilich nicht immer leicht zu finden ist, weil es sich nicht aufdrängt, um den Gedanken sinngemäß zu referieren.

Unmittelbar vor den Bildern, die hier primär verhandelt werden, gelangt Arvid Boecker zu dem Format des Augenblicks und der Zukunft, sprich zu den Maßen 50 × 40 cm; doch 2015 trägt er in diesem Geviert ausdifferenzierte horizontale Diskurse im aufrecht stehenden Bild aus. Wie malt man waagerechte Felder, ohne dass sie Landschaftseindrücke hervorrufen, so kennzeichnet der Maler eine damit einhergehende Bildfrage. »Indem man sie in einem vertikalen Rahmen bannt«, könnte die Antwort sein. Zum Teil erinnern diese Material gesättigten Dialoge von Ferne an Vorgaben von Mark Rothko, – ein Eindruck, der Boeckers Anliegen keinesfalls relativiert; ganz im Gegenteil (Ein zweites Mal beiseite gesprochen: Der Maler stellt sich den kunsthistorischen Referenzen). In den gegenwärtigen Arbeiten ab 2016 findet neben der Konzentration auf dieses eine Format ein Reinigungsprozess statt, der möglicherweise auch als persönliche Radikalisierung zu sehen ist. Die lapidare, zentrale Teilung arbeitet daran entschieden mit. Die Synthese von konstruktiv und informell gilt noch immer, aber sozusagen unter verschärften Bedingungen. Die Grenzziehung geschieht eindeutig, was bewegende Momente, ja dramatische Episoden nicht ausschließt. Das hat sich in den vorangegangenen Bildern gleichen Formats schon angedeutet. Zwischen den Feldern entsteht eine Kluft. Es gibt keine Überblendungen mehr, die Betrachter schauen manchmal sogar auf den Grund, also auf die Leinwandstruktur, die unter der Grundierung noch durchscheint. Eine Lupe müsste zur Hand sein, mit der man die 10 bis 40 Schichten untersuchen kann, soweit sie noch hervorschimmern. Aus der Perspektive eines winzigkleinen Insektes, vielleicht sogar einer Mikrobe, die in so eine Spalte gerät, wäre das eine schwer zu überwindende Schlucht. Die zuweilen kompakten Massen, die da gegen- und miteinander antreten, werden aufwendig und langwierig gebaut; mit Ölfarbe und den damit einhergehenden

07 Hans Gercke, Milch und Honig, in: Katalog zur Ausstellung von Arvid Boecker im Heidelberger Kunstverein, Hrsg. von Hans Gercke und Robert Drees, Heidelberg 2005, S. 7

Harald Kraemer, 08 Ohne Eingebung und einige Versuchsanordnungen auf dem Weg dorthin, in: Arvid Boecker, Alle Zeit der Welt, Katalog zur Ausstellung in der Villa Goecke Krefeld, Basel 2009, S. 5

Arbeitszeiten, das heißt Boecker setzt, lässt trocknen und setzt wieder. Was nicht richtig sitzt, wird nach dem Trocknen wieder abgeschliffen und gräbt sich als verschatteter Farbrest in die Schicht ein. Abschleifen, auch Wegnehmen, ist ein Mittel zum Bauen. Die Zeit, der Prozess schreibt sich so ins Material ein (siehe oben), mehrere Bilder sind allein schon aus arbeitsökonomischem Kalkül gleichzeitig in Arbeit. Das erklärt auch den zuweilen auftretenden Eindruck einer gleich schwingenden Tonalität bei durchaus unterschiedlichen Arbeiten. Der Maler nimmt am liebsten den Rakel zur Hand; man betrachte dieses Instrument als eine Art objektivierenden Pinsel. Die Oberflächen erhalten eine persönliche Modulation, aber mit einer breiten Basis.

Noch einmal Disziplin und Emotion, um die beiden bildbauenden Komponenten ein ganz klein wenig anders zu benennen, sie füttern die ganze Arbeit mit spannungstragenden Momenten an, obwohl sie sich gleichzeitig in eine kompakte Flächigkeit zurückziehen. Das Nachbeben dieser natürlichen Erregung trägt letztlich die koloristischen Augenblicke, die auch den ersten Eindruck bestimmen. Die Ausstellung im Heidelberger Kunstverein, deren Katalog bereits zitiert wurde, trug die Überschrift »Milch und Honig« 09 (Ein weiteres Mal beiseite gesprochen: Dieser Künstler weiß mit Überschriften umzugehen). Die lyrische Titelei mit der assoziativen Anbindung an das Alte Testament deutet mit schöner Anschaulichkeit das heute noch gültige Kontrastmodell an. Zwei Helligkeitswerte begegnen sich, die auch einen eigenen Materialton in sich tragen. Die Dialogarbeit hat ihre ganz eigenen Gesetzmäßigkeiten. Auf eigens angelegten Pappkarten legt Boecker eine Farbe vor (Lieblingshersteller: GOYA), um Ursprungskontraste zu erproben, aus den mittlerweile 72 Optionen (Stand: März 2018), die täglich mehr werden, wählt er eine Konstellation aus, auf deren Basis er weiterarbeiten will. Damit ist ein dialogisches Fundament gegeben, malend baut Boecker an den gegebenen Farben weiter, die

09 Siehe Anmerkung 3

Lerche, a. a. O., S. 27 10

sich dabei sehr weitläufig verändern können, doch als Startbasis des Prozesses letztlich anwesend bleiben. In jedem Feld gibt es zwar eine monochrome Tendenz, die Vorherrschaft eines dominierenden Tons, doch sind die Bilder auf ihre Art vielfarbig, schon allein durch das kontrastierende Gegenüber. Innerhalb dieser Domänen bilden sich Ausdrucksdominanzen, durchscheinende, auch überarbeitete Lagen mit markanten Resten, mit Inseln oder mutwillig gesetzten Intarsien. Es stehen sich gegenüber verschiedene Gesten und Richtungen, Kratzer und Schlieren, Hell und Dunkel, kompakt und gläsern, Charakterflächen und stille Gewässer, und immer wieder »Milch und Honig« in allen denkbaren Spielarten. Im Grat zwischen den Feldern sammelt sich schon mal ein so deutlicher Farbeindruck, dass man versucht ist, hier ein drittes, gleichsam superschlankes Dialogfeld auszumachen. Es wäre ja möglich, sich die Doppelbilder als Diptychen zu denken, aber die zentrale Schlucht zwischen den konkreten Schichtungen verbietet das, sie wäre demnach auch so etwas wie eine universale Vermittlungsinstanz; sie bindet die Gebiete aneinander, indem sie sie trennt.

»Painting is an object that is put into reality in front of our eyes and it gives us an experience.« 10 Von einer Schule des Sehens mag man bei diesen Gegenbildern nicht sprechen, didaktische Momente wurden schon zurückgewiesen, aber Teil der Erfahrung beim Sehen solcher Bilder ist, dass sie das Blickfeld öffnen, weil sie den Betrachtern keine Vorschriften machen. Die Rezipienten stehen vor diesen elementaren Bildern und finden möglicherweise sich selbst. Das ist keinesfalls Zweck dieser Arbeit, deren Intentionen selbstredend zwecklos sind. Aber eine besondere Qualität ließe sich so beschreiben; vorläufig. Auf dem Weg dahin treten existentielle Momente hinzu, Versuchsanordnungen werden abgeschritten, eine rituelle Komponente adelt zusätzlich die Wahrnehmung. Der Verstand ist hellwach, das Sehen dieser stillen Sensationen hat gerade erst begonnen. Die beiden Felder stehen sich jedenfalls erwartungsvoll gegenüber.

WERKE

#1101	#1113	#1157
#1102	#1115	#1158
#1103	#1150	#1159
#1105	#1151	#1160
#1107	#1152	#1161
#1108	#1153	#1162
#1109	#1154	#1163
#1110	#1155	#1164
#1112	#1156	#1166

1167   # 1176   # 1185

1168   # 1177   # 1186

1169   # 1178

1170   # 1179

1171   # 1180

1172   # 1181

1173   # 1182

1174   # 1183

1175   # 1184

Alle Werke
2017 & 2018
Öl auf Leinwand
50 × 40 × 5,5 cm

1101

1102

1103

1105

1107

1108

1109

1110

1112

1113

1115

1150

#1151

1152

#1153

1154

1155

#1156

#1157

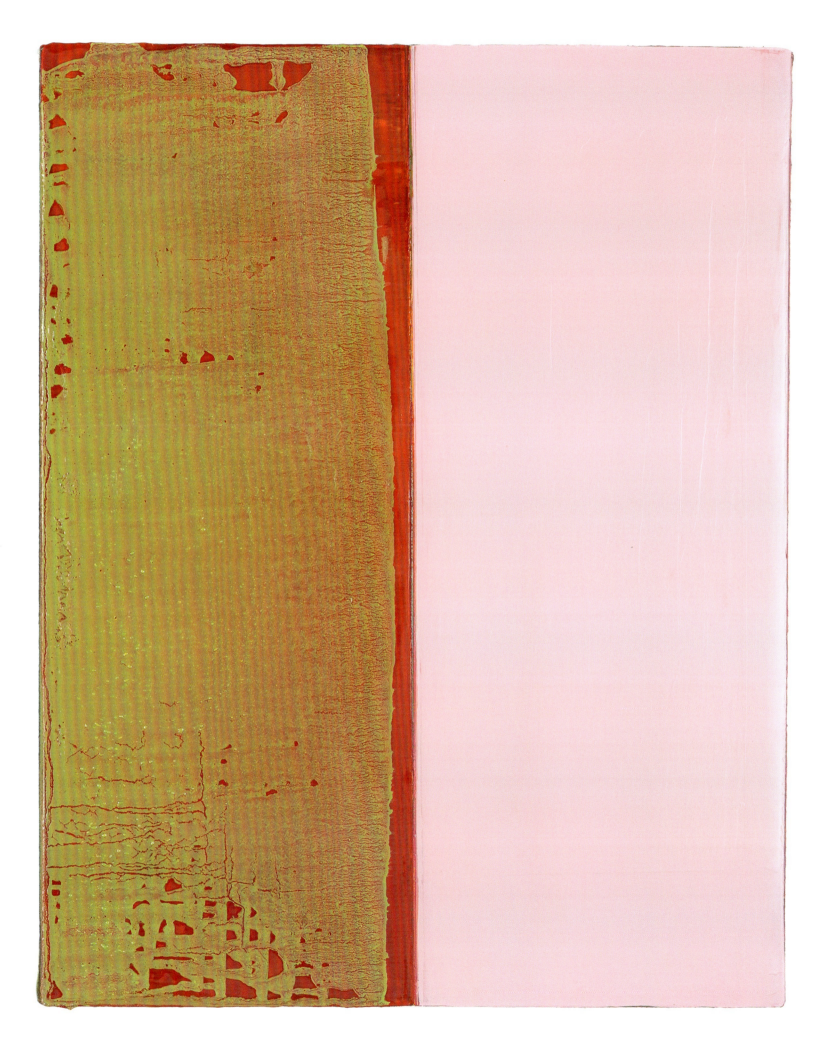

1158

1159

1160

1161

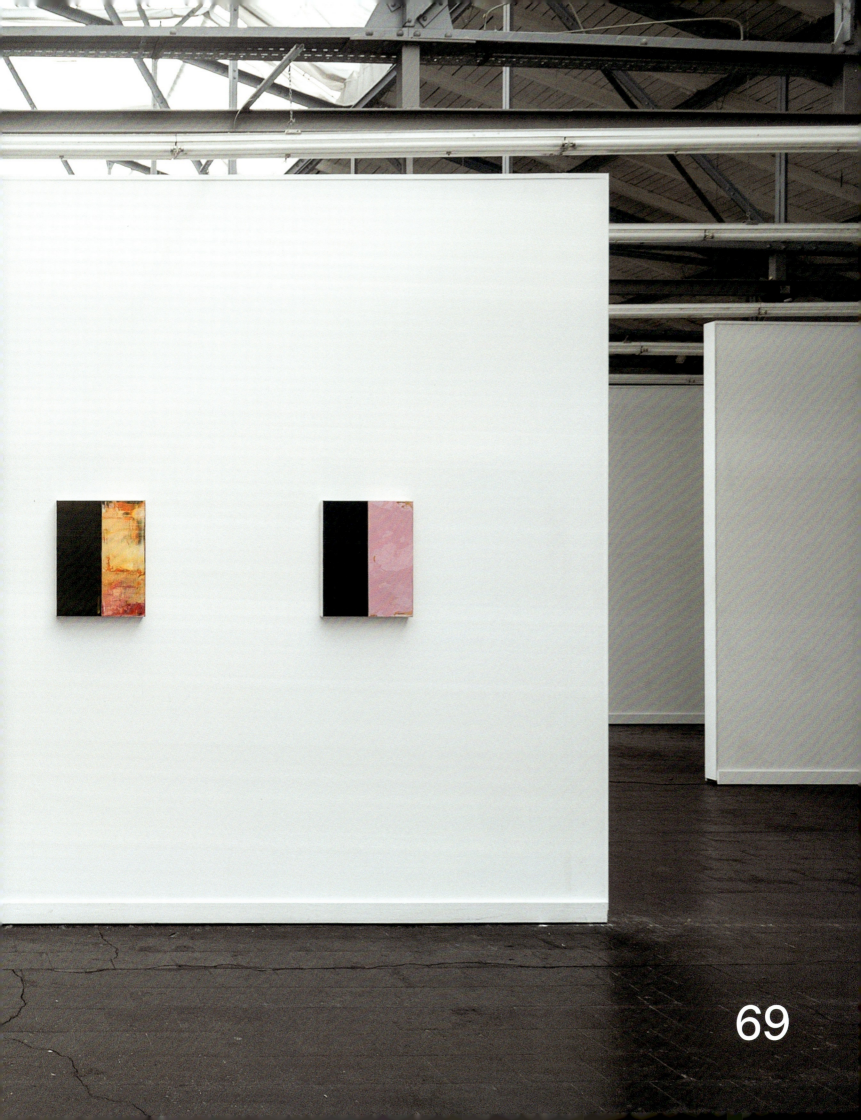

1162

1163

1164

1166

#1167

1168

1169

1170

1171

1172

1173

#1174

1175

1176

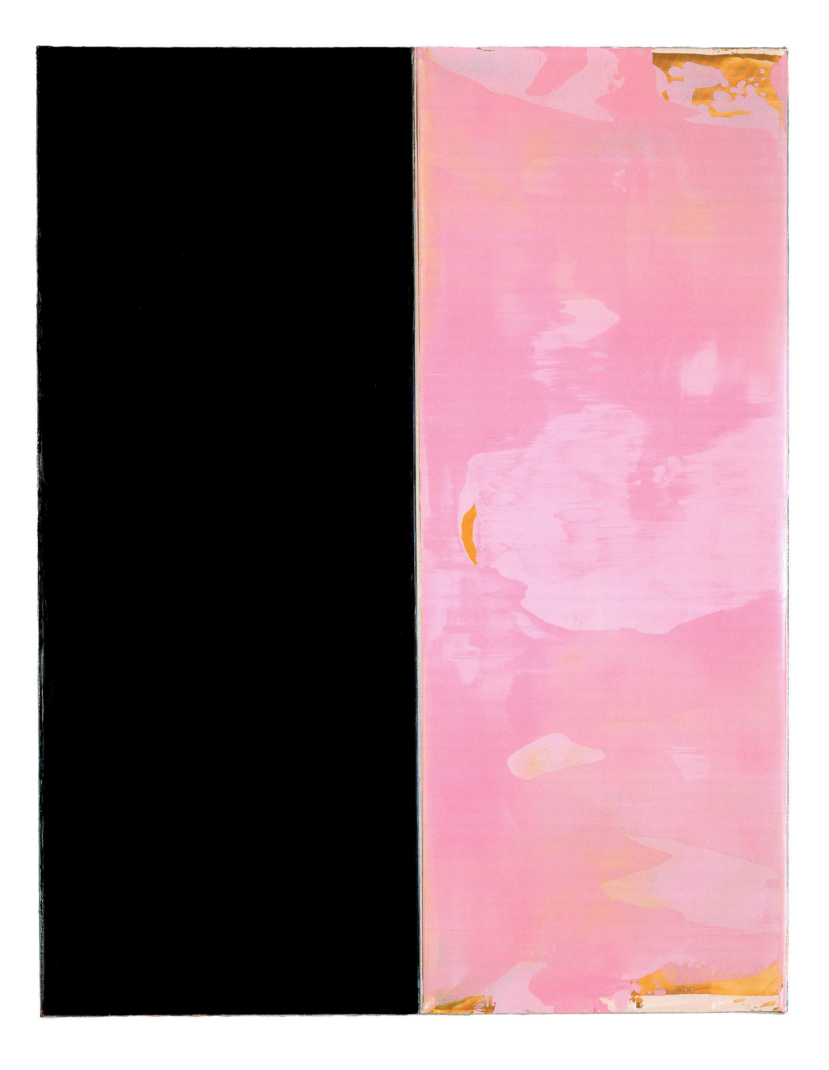

#1177

1178

1179

1180

1181

1182

1183

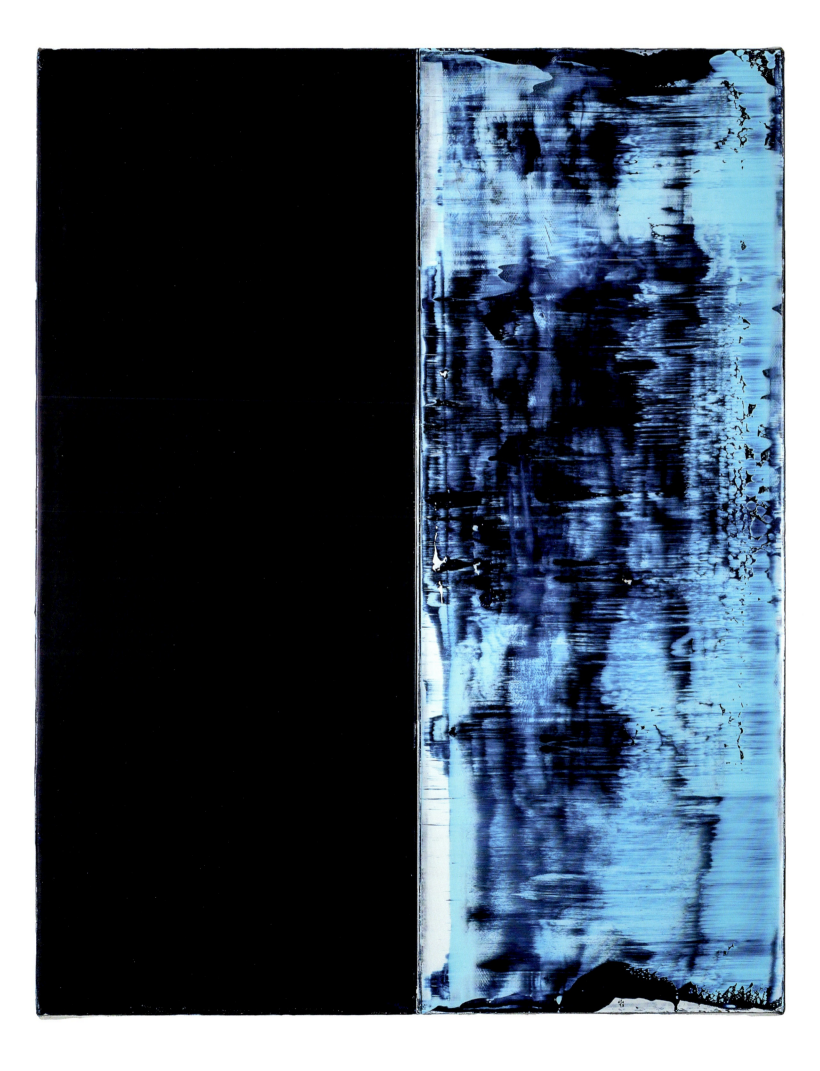

1184

#1185

1186

APPENDIX

BIOGRAFIE

1964
geboren in Wuppertal

1984-86
Studium der Chemie an der Freien
Universität Berlin und der
Gesamthochschule Wuppertal

1987-89
Studium der Kunstgeschichte an der
Universität Trier

1989-94
Studium an der Hochschule der
Bildenden Künste Saar, Saarbrücken

1989-93
Lehrauftrag für Zeichnen an der Freien
Kunstschule »Pro Arte«, Prissian, Italien

1990
2. Preis, Saar Ferngas Förderpreis
Junge Künstler

1994
2. Preis, Kunstpreis der Stadt Landau
Förderpreis der Stadt Groß-Gerau
GG-Perspektiv

1994-95
Arbeitsaufenthalt ACME,
Robinson Rd. Studios,
Bethnal Green, London, GB

1995-96
Arbeitsaufenthalt Katwijk aan Zee,
Holland

2005
Arbeitsaufenthalt Kilmuir, Isle of Skye,
Grossbritannien

2006
Arbeitsaufenthalt La Ciotat, Frankreich

AUSSTELLUNGEN

1990

VIER JUNGE KÜNSTLER
mit Christoph Dahlhausen
Kunstverein Trier

FÖRDERPREIS JUNGE KÜNSTLER
Katalogtext: Dr. Gisela Fiedler-Bender
Wilhelm Hack Museum Ludwigshafen

1991

SKULPTUREN OBJEKTE INSTALLATIONEN
Katalogtext:
Drs. Cornelieke Lagerwaard
Stadtmuseum Mia-Münster-Haus,
St. Wendel
2.8.–22.9.1991

1992

VEXATIONS VEXATIONS
Stadtgalerie Saarbrücken
15.1.–26.1.1992

ERKLÄRUNGEN. WUPPERTALER JAHRESSCHAU
Kunsthalle Barmen, Wuppertal

1993

KUNST SZENE SAAR
Museum Haus Ludwig, Saarlouis
17.9.–29.10.1993

KUNSTPREIS MALEREI
Kunstverein Jena
28.9.–29.10.1993

GALERIE WEINAND-BESSOTH
mit Johannes Fox und Stefan Gross,
Saarbrücken
9.9.–4.10.1993

1995

ARVID BOECKER-STEFAN GROSS
Einführung: Horst G. Haberl, Dr. Beate
Reifenscheid
Museum Haus Ludwig, Saarlouis
5.2.–19.2.1995

**3. ART-HERBSTSALON
ARVID BOECKER: INVASION DER SELTSAMEN TIERWESEN**
Text: Silke Müller
art-Das Kunstmagazin
Oktober 1995

ARVID BOECKER: PROZESSE DER HÄUTUNG
Katalog mit einem Text von Dr. Beate
Reifenscheid
Stadtmuseum Groß-Gerau
3.11.–3.12.1995

WORK ART
Mit Carsten Gliese und Thomas Klegin
Katalogtext: Dr. Johann-Karl Schmidt
Galerie der Stadt Stuttgart
23.5.–17.6.1995

KUNSTVEREIN VILLA STRECCIUS
Landau
11.6.–5.7.1995

FARBENHEIT
Saarländischer Künstlerbund
Katalogtext: Dr. Lorenz Dittmann
Stadtgalerie Saarbrücken
6.9.–14.10.1995

WE ARE HAPPY TO SERVE YOU
Katalogtext: Dr. Antje Birthälmer
eine Ausstellung des Von der Heydt
Museum Wuppertal in der Kunsthalle
Barmen
24.11.1995–7.1.1996

KUNST-SZENE-SAAR
Landeskunstausstellung
Katalogtext: Ernest W. Uthemann
Saarlandmuseum, Moderne Galerie
17.9.–29.10.1995

1996

ARVID BOECKER.
Galerie Thieme+Pohl, Darmstadt
29.3.–27.4.1996

ARVID BOECKER: UNENTWEGT
Katalogtext: Dr. Harald Kraemer
Forum Kunst Rottweil
14.9.–27.10.1996

ARTIFIZIELLE NATUR
Mit Rémy Markowitsch, Alice Stepanek
und Steven Maslin.
Katalogtext: Dr. Eva Marina Froitzheim
Städtische Galerie Böblingen
14.4.–9.6.1996

FLEXIBLE 2, PAN-EUROPEAN ART
Katalogtext: Drs. Caroline Boot
Nederlands Textielmuseum, Tilburg
7.9.–24.11.1996

ART COLOGNE
Galerie Thieme+Pohl

DIE GROSSE KUNSTAUSSTELLUNG NRW
Kunstpalast Ehrenhof, Düsseldorf
1.12.1996–12.1.1997

1997

ARVID BOECKER
Galerie Ludwig, Krefeld
7.9.–12.10.1997

ARVID BOECKER: 25 × 32
Galerie Feiter & Drees, Hannover
5.12.1996–25.1.1997

FLEXIBLE 2
Galeria Awangarda, Warschau, Polen
12.12.1996–31.1.1997

ART FRANKFURT
Galerie Ludwig

FLEXIBLE 2
The Whitworth Art Gallery
Manchester, GB
27.3.–25.5.1997

KÜNSTLER MACHEN SCHILDER FÜR ROTTWEIL
Mit Thomas Huber, Dieter Krieg, Artur Stoll u.a. Katalogtext: Robert Kudielka
Forum Kunst, Rottweil
21.6.–27.7.1997

DIE GROSSE KUNSTAUSSTELLUNG NRW
Kunstpalast Ehrenhof, Düsseldorf
30.11.1997–11.1.1998

1998

ARVID BOECKER
Galerie Markus Nohn, Trier

Art Frankfurt
Galerie Markus Nohn,
Galerie Feiter & Drees

9 ¾ × 12 ½
WCNY, White Cube New York,
Brooklyn
4.4.–27.5.1998

DIE SPRACHE DES MATERIALS
Preis der Darmstädter Sezession
Auf der Ziegelhütte, Darmstadt
16.5.–19.6.1998

BILDHAUERZEICHNUNGEN DER GEGENWART
Mit Michael Croissant, Isa Genzken, Rebecca Horn, Stephan Huber
Katalogtext: Claudia Posca im Dominikanermuseum, Zweigmuseum des Württembergischen Landesmuseums Stuttgart, Rottweil

1999

ARVID BOECKER: KOCHFELDER
Galerie Markus Nohn, Trier
4.9.–23.10.1999

ART FRANKFURT
Galerie Markus Nohn,
Galerie Feiter & Drees

2000

ARVID BOECKER: BLICKDICHT
Galerie Robert Drees, Hannover
2.9.–28.10.2000

KUNST-SZENE-SAAR: VISIONEN 2000
Künstlerische Positionen am Beginn des 21. Jahrhunderts
Kurator: Richard W. Gassen
Saarlandmuseum, Moderne Galerie, Saarbrücken
29.10.2000–14.1.2001

WELTAUSSTELLUNG
Von der Heydt Museum, Wuppertal
15.9.–4.11.2000

2001

ART FRANKFURT
Galerie Robert Drees

HONEYMOON
Institut für aktuelle Kunst im Saarland, Saarlouis
Juni 2001

WALTER STORMS GALERIE
München, mit Rupprecht Geiger, Ulrich Erben
Sommer 2001

SAARLÄNDISCHER KÜNSTLERBUND: AM GRÜN FEHLT ES JA NICHT / SAARLÄNDISCHES KÜNSTLERHAUS: VOR DER NATUR
Stadtgalerie Saarbrücken
23.11.2001–27.1.2002

CHANGER / WECHSEL
Vebikus Kulturzentrum Kammgarn, Schaffhausen, CH
2.3.–31.3.2001

2002

ARVID BOECKER: ORANGE
Galerie Markus Nohn, Frankfurt
1.2.–28.3.2002

ARVID BOECKER: 30 AKTUELLE ARBEITEN
Galerie Wolfgang Exner, Wien
25.4.–1.6.2002

ART FRANKFURT
Galerie Robert Drees

KARAMBOLAGE: FELIX BALZER-ARVID BOECKER-UDO DZIERSK
Katalogtext: Max Christian Graeff
Stadtsparkasse Wuppertal
15.1.–27.2.2002

AMBER ROOM SOCIETY
Mit Uwe Esser und Jürgen Jansen
Raum 1 Krefeld

ÜBERBLICK
Galerie Wolfgang Exner, Wien

2003

TOKYOUMBRA
Galerie des Saarländisches Künstlerhauses, Saarbrücken
27.2–30.3.2003

ONE-MAN-SHOW
Art Frankfurt
Galerie Markus Nohn

NARRENSPIEGEL
Forum Kunst, Rottweil

DAS BERNSTEINZIMMER
Mit Uwe Esser, Jürgen Jansen, Peter Heber
Einführung von Dr. Dietmar Elger
Sprengel Museum, Hannover
Galerie Robert Drees, Hannover
22.3.–17.5.2003

FORM UND STRUKTUR – WEGE ZUR ABSTRAKTION II
Mit Ulrich Erben, Imi Knoebel, Günter Förg
Kurator: Jürgen Schweinebraden
Kunstverein Schloss Plön
29.7.–10.8.2003

KUNST WIEN
Galerie Wolfgang Exner

KUNSTLOS
Stadtgalerie Saarbrücken
11.10.–16.11.2003

123

01

02

03

04

05

2008

ARVID BOECKER: STUDIO LA CIOTAT
Museum Schloss Fellenberg, Merzig
17.3.–28.4.2008

ARVID BOECKER: STUDIO LA CIOTAT
Forum SaarLB, Saarbrücken
25.4.–28.5.2008

DEIN LAND MACHT KUNST
Saarlandmuseum Saarbrücken
21.6.–31.8.2008

2009

ARVID BOECKER: WUNDERN
Galerie Grashey, Konstanz
5.5.–30.5.2009

SHOWTIME
Temporäre Kunsthalle Weinheim
Mit Formalhaut, Michel Meyer,
Anne Sommer-Meyer u. a., Weinheim
18.9.–20.9.2009

2010

ARVID BOECKER: ALLE ZEIT DER WELT
Villa Goecke Ralph Kleinsimlinghaus,
Krefeld
10.1.2010–7.2.2010

ANGEZETTELT
Saarländisches Künstlerhaus,
Saarbrücken
29.4.–6.6.2010

GLÜCKWUNSCH
Forum Kunst, Rottweil
4.7.–29.8.2010

REGIONALE 2010
Wilhelm-Hack-Museum, Ludwigshafen
31.7.–19.9.2010

NEBENWEGE
Städtische Galerie, Neunkirchen
27.8.–17.10.2010

20 JAHRE
Galerie Ursula Grashey, Konstanz
18.9.–13.11.2010

2011

GEHEIMNISVOLLE ZWISCHENWELTEN
mit Bernard Aubertin, Leiko Ikemura,
mpk Museum Pfalzgalerie,
Kaiserslautern
8.12.2010–30.1.2011

ARVID BOECKER: ECHO
Galerie p13, Dr. Kristina Hoge,
Heidelberg
4.2.–12.3.2011

ARVID BOECKER
Kunsthaus, Frankenthal
18.8.–1.9.2011

ARVID BOECKER: FLORIDA GREEN
Galerie Ursula Grashey, Konstanz
19.9.–29.10.2011

2012

ARVID BOECKER: TAKE YOUR TIME
Städtische Galerie Neunkirchen
27.1.–11.3.2012

ARVID BOECKER: SQUARE COLOURS
Galerie p13, Dr. Kristina Hoge,
Heidelberg

Kunstverein Ellwangen
23.9.–18.11.2012

EIN FEST
Saarländisches Künstlerhaus,
Saarbrücken

2013

AUS DEM DEPOT
mpk, Museum Pfalzgalerie,
Kaiserslautern

REMBRANDT CALLING
Villa Goecke Ralph Kleinsimlinghaus,
Krefeld
27.1.–4.4.2013

LANDESKUNSTAUSSTELLUNG
Saarländisches Künstlerhaus,
Saarbrücken

2014

ARVID BOECKER: ATMEN
Villa Goecke Ralph Kleinsimlinghaus,
Krefeld
16.2.–30.3.2014

ARVID BOECKER: DANCE*DANCE*DANCE
Galerie p13, Dr.Kristina Hoge,
Heidelberg
24.4.-18.5.2014

2015

ARVID BOECKER: SURFACED FROM HIS DIVE
Galerie Ursula Grashey, Konstanz
17.3.–9.5.2015

ACCROCHAGE
Galerie p13, Dr. Kristina Hoge,
Heidelberg
18.6.–29.8.2015

ABSTRACT STRATEGIES
Galerie Mirta Demare, Rotterdam
16.10–18.10.2015

2016

ARVID BOECKER: MORNING SUN
Galerie Schütte, Essen
16.1.–27.2.2016

ARVID BOECKER: INSOMNIA
Stout Projects, Brooklyn, New York
9.7.–7.8.2016

ARVID BOECKER: ON A CLEAR DAY
Factory 49, Sydney
14.9.–8.10.2016

DIE GROSSE KUNSTAUSSTELLUNG NRW
Museum Kunstpalast, Düsseldorf
21.2.–13.3.2016

RESTATEMENT
Galerie Schmidt und Schütte, Köln
29.7.–6.8.2016

FICTION (WITH ONLY DAYLIGHT BETWEEN US) V.2
Corridor Projects, Dayton, Ohio
2.9.–23.9.2016

SANDWICHES
Cartel Artspace, Bangkok
10.9.–22.9.2016

AN EINEM TISCH – ZEITGENÖSSI-SCHE POSITIONEN GEO-METRISCHER ABSTRAKTION
Galerie Robert Drees, Hannover
9.9.–5.11.2016

FICTION
Grady Gallery, Elgin Community
College, Chicago

RAMCHANDRA
Tulsian Art Gallery, Surat, Indien

02

01

KATALOGE

IMPRESSUM

Ausstellung

Diese Publikation erscheint anlässlich der
Ausstellung:
Arvid Boecker, Christiane Gruber,
Boris Doempke
Verein für aktuelle Kunst / Ruhrgebiet
e. V., Oberhausen
27. Mai–24. Juni 2018

Herausgeber

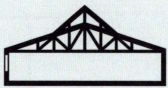

Verein für aktuelle Kunst / Ruhrgebiet e.V.

Verein für aktuelle Kunst / Ruhrgebiet e. V.
Zentrum Altenberg
Hansastraße 20
46049 Oberhausen

Telefon: +49 (0) 203 – 518 89 00

info@vfakr.de
www.vfak-ruhrgebiet.de

Gallerien

ARTAX Kunsthandel
Ralph Kleinsimlinghaus KG
Düsselthaler Str. 48A
40211 Düsseldorf

Telefon: +49 (0) 211 – 35 01 03
Telefax: +49 (0) 211 – 35 78 24

artax@artax.de
www.artax.de

Galerie Grashey
Schützenstr. 14
78462 Konstanz

Telefon: +49 (0) 7531 – 166 14
Telefax: +49 (0) 7531 – 258 33
Mobil: +49 (0) 172 – 627 22 24

galerie@grashey.eu
www.grashey.eu

galerie p13
Dr. Kristina Hoge
Pfaffengasse 13
69117 Heidelberg

Telefon: +49 (0) 6221 – 729 55 43

info@galerie-p13.de
www.galerie-p13.de

Galerie Schmidt und Schütte
Albertusstraße 26
50667 Köln

Telefon: +49 (0) 221 – 28 06 75 01

post@schmidtundschuette.de
www.schmidtundschuette.de

Verlag

Verlag Das Wunderhorn GmbH
Rohrbacher Str. 18
69115 Heidelberg

Telefon: +49 (0) 6221 – 40 24 28
Telefax: +49 (0) 6221 – 40 24 83
wunderhorn.verlag@t-online.de
www.wunderhorn.de

Katalog

TEXT
Dr. Reinhard Ermen

GESTALTUNG
KontextKommunikation, Heidelberg / Berlin

FOTOGRAFIE
Sabine Arndt, Heidelberg

SCHRIFT
Apoc Revelations (Blaze Type)
Favorit Regular (abcdinamo)

PAPIER
Heaven42 150 g/m²
Munken Polar Rough 100 g/m²

UMSCHLAG
Peyer Duchesse Offset Weiß

DRUCK
NINO Druck, Neustadt an der Weinstraße

AUFLAGE
1000 Stück

Sponsor

Die Deutsche Nationalbibliothek verzeichnet diese Publikation in der Deutschen Nationalbibliografie; detaillierte bibliografische Daten sind im Internet über www.dnb.ddb.de abrufbar.

ISBN: 978-3-88423-604-8